Violencia y memoria oral en Boyacá (Colombia)

Pesquisa antropológica

FELIPE CÁRDENAS-TÁMARA

Violencia y memoria oral en

Boyacá (Colombia)

Pesquisa antropológica

FELIPE CÁRDENAS-TÁMARA

Violencia y memoria oral en Boyacá (Colombia).

Pesquisa antropológica

Felipe Cárdenas Támara.

Bogotá: Fundación Centro Experiencial para el Estudio del Principio Vida y la formación Humanista (Fundación Centir-Programa por la Paz-Unión Europea); Serie Desarrollo Regional.

122 p.

INTRODUCCION 1. BREVE APROXIMACIÓN CONCEPTUAL AL MARCO GENERAL DE LA VIOLENCIA. 1.1 LA VIOLENCIA EN EL CONTEXTO CULTURAL CAMPESINO. 2. MATERIALES Y MÉTODOS. 3 RESULTADOS Y ANÁLISIS. 3.1. DESCRIPCIÓN NORMAL. 3.2. DESCRIPCIÓN ENDÓGENA 3.3. DESCRIPCIÓN DENSA. CONCLUSIONES.

     BIBLIOGRAFIA

Incluye Bibliografía

Septiembre de 2017.

Tabla de contenido

A la familia que permanece unida a pesar de las violencias

Tabla de contenido

Introducción.

El siguiente trabajo recoge y analiza una serie de testimonios campesinos de distintas veredas y municipios del norte de Boyacá que contribuyen a comprender desde un horizonte histórico y antropológico el sentido de la paz y la violencia cultural, estatal y partidista que ha vivido Colombia durante varias décadas.[1] El propósito del trabajo es triple: primero, aproximarse a los significados, elementos, roles, valores, normas y procesos que se relacionan con las violencias que ha vivido el norte del departamento de Boyacá, específicamente a partir de finales de la década de los años cuarenta con la muerte de Jorge Eliecer Guitan, contribuyendo a los procesos de memoria histórica del conflicto armado colombiano. Segundo, comparar los diferentes relatos y contribuir en la comprensión de la conducta individual y colectiva que gira alrededor de la violencia, y que se vincula estrechamente en la memoria de un pueblo. Por último, se pretende utilizar y familiarizarse con técnicas etnográficas y de análisis del discurso, útiles como mecanismo para la categorización teórica de materiales escritos.

El trabajo se construye sobre el análisis funcional de una serie extensa de relatos, narrados

---

[1] La investigación se basa en información generada por

por campesinos que no se conocen entre sí, pero que tuvieron que compartir en sus vidas la violencia que azotó con particular virulencia el norte del departamento de Boyacá durante las décadas de 1950 a 1970. El tema principal de todos esos relatos es la "violencia": violencia partidista, violencia religiosa y violencia por el acceso a la tierra y a los recursos naturales. Todos los relatos hacen parte de un sistema sociocultural concretó, que forma una totalidad organizada con fuerte interacción entre sí. La violencia es un proceso que entrelazó y entrelaza, que interactúa y que configuró la historia de vida y las identidades

trabajo de campo entre los años 1992 al año 2015.

de personas, familias, grupos sociales de la cultura campesina de la región de estudio.[2]

Los relatos provienen de una serie de entrevistas realizadas por promotores campesinos que viven en varios municipios del norte de Boyacá. La región de donde provienen es una zona eminentemente campesina, que ha sufrido agudos procesos de violencia a lo largo de todo el siglo XX. La región es atravesada por el río Chicamocha, que pertenece a la cuenca del río Magdalena. El río Chicamocha tiene dos grandes ríos tributarios principalmente en este

----

[2] La región de estudio se ubica en la cuenca media del río Chicamocha, a unos 150 km al norte de Tunja; conforma las Provincias del Norte y Gutiérrez y Valderrama con un área aproximada de 300,000 ha y unos 117,000 habitantes. Su economía es de minifundistas campesinos con variadas estrategias productivas que

sector de su recorrido: el río Chitano y el río Nevado. Los campesinos de la región viven de la ganadería vacuna, caprina y ovina. Son también agricultores de papa, maíz, frijol, trigo, y frutales. Las extensiones prediales no son considerables, pero desde tiempos prehispánicos sus habitantes desarrollan diversas relaciones sociales de producción que les permiten acceder al trabajo y a la tierra. A excepción de los municipios de Tipacoque, El Cocuy y Chiscas, todos los demás municipios (Susacón, Jericó, Chita, Güicán, El Espino, San Mateo, Boavita, La Uvita, Guacamayas, Soatá, Sativasur, Sativanorte y

---

aprovechan los diversos pisos térmicos existentes: Páramo hasta zonas

Covarachia) son conservadores en lo relativo a su comportamiento electoral. Uno de los rasgos sociales de la región en términos sociales es la aguda migración de sus habitantes desde inicios del siglo XX. Sus habitantes han migrado a Venezuela y a otras ciudades colombianas (Bogotá, Bucaramanga, Duitama, Tunja, Sogamoso). Migran especialmente las personas mayores de 18 años. Algunos de los pobladores regresan, después de permanecer durante 10,15 o más años por fuera de la región.

Entre la mayoría de las personas mayores, existen "buenos recuerdos" de la violencia que

templadas.

transformó la región, especialmente desde la década de 1948. Los recuerdos sobre la violencia se ven permanentemente alterados por las "diversas" violencias que han vivido desde principios de siglo, y en la que la participación regional ha sido muy intensa. Participación importante especialmente en la Guerra de los mil días.

1. Breve aproximación conceptual al marco general de la violencia.

La violencia, como sucede en todo Colombia, no es un fenómeno reciente. La violencia hace referencia a diversas y complejas motivaciones, causas, y factores, pero tiene una sintomatología muy clara: produce muerte, desolación, miedos, y maltratos físicos y psicológicos. Entre las causas de la violencia en Colombia, es posible afirmar que son diversas y que provienen de diferentes horizontes, que tienen su origen en la dificultad para la resolución de problemas como lo son la tenencia de la tierra, la dificultad para la consolidación de fuerzas políticas alternativas, la fragilidad del Estado, la debilidad de la sociedad civil para organizarse, entre otros. La violencia en Colombia se agravo con la aparición a principios de los años ochenta de los grupos paramilitares, especialmente las Autodefensas unidas de Colombia (AUC), para llevar a cabo la lucha contrainsurgente. En este contexto de violencia, hay que añadir el fenómeno de la producción y exportación de droga y el reciente surgimiento de nuevas estructuras paramilitares vinculadas al narcotráfico, que ha hecho más complejo el conflicto, donde la población civil es la principal víctima. Tal como señala Fisas (2009:50):

El conflicto armado en Colombia tiene unas raíces muy profundas, que van más allá del surgimiento de las actuales guerrillas en los años 60. A la violencia que caracterizo las relaciones entre liberales y conservadores desde el siglo XIX hasta la época del frente nacional (1958- 1978), hay que añadir la represión contra cualquier opción política alternativa. Así la política al servicio de los intereses de la elite, la exclusión social y la falta de opciones democráticas de oposición explican el surgimiento de los distintos grupos guerrilleros de los años

60 y 70; entre ellos (FARC), (ELN), y (AUC) (p.50).

Desde una perspectiva antropológica la paz y la violencia son el resultado de procesos de equilibrio o desequilibrio de la cultura y de los distintos elementos, segmentos o subsistemas que hacen parte de un sistema cultural. De todas maneras, ninguna cultura está libre de mecanismos de conflicto. Es decir, la paz, es una relación de equilibrio, que busca una especie que nunca ha estado en equilibrio. Sin embargo, para comprender las posibilidades de la paz, entendida como una situación de orden y justicia social, hay que entender que el ser humano como animal también tiene unas bases instintivas donde descansa la agresión. Konrad Lorenz llamo en 1963 a la agresión "el pretendido mal". La agresión para Lorenz es un mecanismo de conservación de la especie y está muy limitado en sus efectos. La agresión es un "instinto como cualquier otro y, en condiciones naturales...al servicio de la conservación de la especie y del individuo". Freud por su lado, identificó la agresión y la violencia existente en la cultura humana como algo innato al hombre. Lo importante del trabajo de Freud, radicó en ver que el ser humano tiene la tendencia de reprimir o rechazar la agresión y la destrucción. En su libro el *Malestar en la cultura*, dice: "quienes creen en los cuentos de hadas no les agrada oír mentar la innata inclinación del hombre hacia lo 'malo', a la agresión, a la destrucción y con ello también a la crueldad". La sociedad, desde la visión de Freud, se encontrará en una permanente posibilidad de destrucción. Muchas veces, estas características de la cultura humana sirven como base para estar de acuerdo con la teoría de la guerra justa. De manera que la guerra la asimilan a un procedimiento judicial para resolver un conflicto entre sujetos que no obedecen una ley común. No obstante, esta comparación de la teoría con un procedimiento judicial ha fracasado ya que quien decide sobre la justicia o injusticia de determinada guerra, es la misma parte interesada, no un juez por encima de ambos sujetos, por lo tanto, no hay guerra que pueda ser justa para ambas partes. Adicionalmente, el objetivo principal de todo procedimiento judicial, es la restauración del orden, pero la guerra en ningún momento lo logra (Bobbio, 2008: 50-52).

Desde los ojos de un antropólogo, los "relatos densos" que constituyen una cultura o la cultura humana desde sus génesis hasta el presente, son el resultado de una constante tensión que hace que los sistemas culturales siempre y en cualquier lugar están sometidos a su posible autodestrucción y aniquilamiento. Esta dimensión conflictiva se incrementa exponencialmente en los sistemas de orden estatal, y no se expresa con tanta profundidad en sistemas sociales no tan complejos. La historia se repite, y en las constelaciones de la cultura, aparecen y desaparecen soles y estrellas, luces que en algún momento brillaron con esplendor, pero qué a raíz de sus contradicciones internas, de sus equívocos, o del avasallamiento, de la guerra y la conquista desaparecieron del horizonte.

La Paz es una construcción cultural, que parte de la necesidad de extender funcionalmente los mecanismos instintivos del ser humano, qué a través del poderoso instrumento de la cultura, construye un orden social que pretende entre algunas de sus funciones, "autodomesticar" los impulsos agresivos del ser humano. En algunos casos, lo logra, en el caso de la experiencia colombiana ese no ha sido el caso, condición que debe llevar a revisar las reglas del juego del orden social que la sociedad ha pretendido construir. Revisar esas reglas del juego implica analizar las concepciones de mundo que se manejan, los horizontes de sentido, y las instituciones formales y no-formales que organizan la vida social del país. En suma, implica reorganizar y autoanalizar de manera permanente las reglas del juego de la sociedad. Lo que se puede hacer evidente, luego de un análisis histórico de la realidad colombiana, es que el contrato social vigente en el país no representa claramente los intereses de todos. Por lo tanto, es evidente que no se cumple lo mencionado en el compendio de la Doctrina Social de la Iglesia donde se establece que la paz es el fruto de la justicia (Pontificio Consejo "Justicia y Paz", 2007: 299). En términos formales, la Constitución del 91 fue un significativo avance en muchos frentes, sin embargo, estructuralmente para muchos de los colombianos, nacer y vivir en Colombia es aún una pesadilla, ya que son millones las personas que se encuentran totalmente desprovistos de oportunidades y de posibilidades de empoderamiento personal y comunitario. El pacto social que se vive en el país es de corte reduccionista, clasista, leguleyo y politiquero. Unirse a la fiesta en Colombia significa hacerse partícipes de directrices de acción que anteponen a cualquier costo los conceptos de seguridad-propiedad-dinero versus los de libertad-conocimiento-amor.

1.1 *La violencia en el contexto cultural campesino.*

En la región del norte de Boyacá existe un modo de vida campesino, que se diferencia y se expresa en su relación ecosistémica en aproximadamente 19 sistemas de producción que ejercen presión sobre el territorio alrededor de las cotas altitudinales de los 1200 y 4000 m.s.n.m. En la actualidad, estas formas de vida campesina, basadas aún en el trabajo familiar no remunerado dependen fuertemente para su comprensión de elementos urbanos y modernizantes que penetran estos mundos campesinos desde el trabajo de diversas instituciones: la escuela, el maestro, la parroquia, la

UMATA, el técnico, la radio y la televisión. Lo campesino, siguiendo a Coello, no solo se refiere a consideraciones económicas, sino que incluye (1979) factores simbólicos y subjetivos, como los sentimientos y las emociones, nociones que sirven para explicar el comportamiento económico de los campesinos.

En unión a la violencia, la industrialización vivida en el país, y especialmente en la región con la construcción de la siderúrgica de Paz del Río, son los factores sociopolíticos y económicos más decisivos en el cambio cultural y estructural que vivió el campo en la región desde mediados de la década de 1940. Las grandes alteraciones en la estructura agraria, en los valores y en el comportamiento de los campesinos se constatan, y deben de ser referidos como parte de un proceso complejo que impulso e impuso estímulos exógenos al sistema sociocultural campesino. Las consecuencias de dicho proceso, generaron fuertes modificaciones culturales y transformaron la vida de comunidades y localidades rurales. Los tiempos de la violencia, marcaron el paso de situaciones sociales relativamente estáticas, hacia situaciones dinámicas. La industrialización, el desarrollo de infraestructura, la apertura de caminos, la escolaridad creciente, y los marcos institucionales generados por la violencia partidista, ofrecieron nuevas oportunidades y alternativas de vida. Las consecuencias del proceso de modernización, implicaron para muchos un deterioro en las condiciones de vida. Y en términos ambientales se generó un proceso de violencia "invisible" que sólo vino a ser reconocido en Colombia varias décadas después: la Revolución verde. [3]

Lo campesino hace referencia a sociedades complejas y subordinadas, ellas están

---

[3] Son numerosos los trabajos que se orientan por esta posición conceptual, ver: Shanin, Teodor (ed) 1971. Peasants and peasants societies. Penguin Books, Great Britain. citados en el mismo libro y basándose en el mismo criterio: Wolf, Eric. "Aspects of Group Relations in a Complex Society. Mexico", p50-68; y Pearse,

articuladas con el sistema social mayor que puede manipularlas (las grandes urbes, y los procesos macroeconómicos que acontecen en el mundo, Colombia y Venezuela). Diversos autores le asignan un carácter social secundario y subordinado, lo cual significa que todo análisis acerca del campesinado carece de rigor científico si no contempla el conocimiento de la dinámica de los sistemas sociales dominantes, los cuales determinan la evolución de las formas campesinas. No podemos entender plenamente lo campesino sin visualizar las instituciones extraregionales que afectan directamente la

Andrew. "Metropolis and Peasant: The Expansion of the Urban

supervivencia del mismo campesinado determinando por ejemplo políticas de seguridad alimentaria incoherentes o servicios de extensión agrícola impositivos.

Es importante entender, qué para algunos teóricos, lo campesino es un modo de producción diferente al capitalista, pero indudablemente se trata de una economía articulada al modo de producción capitalista. Es decir, lo campesino está sometido y participa de una estructura de estado contradictoria y se estructura como clase social, que se diferencia muy dinámicamente hacia su interior. El sistema

---

Industrial Complex and the Changing Rural Structure.

cultural campesino en el norte de Boyacá depende de instituciones agrarias precapitalistas relacionadas entre sí: burguesías rurales locales y ausentistas, peones, jornaleros, propietarios minifundistas, aparceros, arrendatarios, etc. Para Bartra (1979), la simple articulación al sistema social dominante no explica de por sí la dinámica interna de las economías campesinas, ni las causas de la lentitud del proceso de descomposición y ruina, y las razones de la extraordinaria persistencia en el mundo contemporáneo. Esto nos hace pensar que el modo de producción capitalista impone las condiciones para la subsistencia y desarrollo de los sectores campesinos, pero son las fuerzas internas propias de los campesinos las que producen la gran capacidad y variedad de respuestas para adaptarse a determinados ambientes físicos y sociales. Las formas campesinas se encuentran en constantes cambios, ya que todo medio ambiente es dinámico por naturaleza.

A pesar de las divergencias entre Marx y Chayanov en cuanto a la explicación del funcionamiento de la economía campesina, lo cierto es que existe una finca campesina que reproduce instituciones a su interior (la familia, el lenguaje y el conocimiento) y que mantiene relaciones con otras instituciones del orden local (manovuelta, el convite), municipal (UMATA, alcaldía, parroquia) y departamental (ANUC, FINTEC, Fundación San Isidro, Javeriana). El campesino, como forma de vida persiste porque mantiene relaciones con una realidad más amplía (la ciudad-lo urbano) y heterogénea que la existente en la simple vereda. Las instituciones que rodean y estructuran una finca campesina la determinan de una manera doble: una externa, producto del condicionamiento de las estructuras y procesos del sistema capitalista, y una interna, referida a los mecanismos de funcionamiento de esas unidades y sus posibles respuestas a los condicionamientos externos (Llambi,1986). Es decir, el campesinado boyacense es dependiente de una serie de redes sociales que lo hacen un productor y consumidor que intercambia mercancías con la ciudad.

Es importante entender que el campesino como sujeto histórico lleno de diversidades, ha sido concebido desde dos grandes tendencias. La primera tendencia, se refiere a lo campesino en relación con una economía, una cultura o una clase social, de acuerdo a distintas tradiciones conceptuales. Los autores clásicos del marxismo, como Marx y Lenin, conciben el campesino en cuanto a una clase social oprimida y explotada por la sociedad precapitalista, privilegiando el análisis de clases y su posición subordinada. Esto se constituye entonces como violencia política, específicamente una "Violencia Estructural", dado el ultraje a la dignidad personal que procede del propio Estado por el avasallamiento ejercido sobre la ciudadanía (Irizar, 2013: 172-173). La segunda tendencia, con Chayanov, concebir a los campesinos como pertenecientes a una economía específica y singular, que coexiste en un sistema económico capitalista. El historiador francés D. Thorner

(1979) habla de una economía campesina que se caracteriza fundamentalmente por producir para el intercambio, rasgo que los distingue de las sociedades tribales. El antropólogo R. Firth concibe a los campesinos como "un sistema de pequeños productores, con tecnología y equipo sencillos, que a menudo dependen primordialmente para su subsistencia de lo que ellos mismos producen" (Firth, 1951, p. 84). El antropólogo E. Wolf (1971) enfatiza en el objetivo de reproducción familiar que tiene la economía campesina, y el traspaso de excedentes a un grupo dominante. Otros autores destacan el carácter familiar de la economía campesina (Chayanov, 1979; Santiago, 1980; Llambi,1986). Galeski (1977) hace notar la especificidad de su racionalidad económica, identificada con su economía doméstica. Con Kroeber (1945) surge una nueva conceptualizacion del campesino, que constituye "sociedades parciales con culturas parciales". A partir de este autor, la Antropología vuelca su interés hacia las sociedades campesinas, generando numerosas monografías y algunas contribuciones teóricas importantes Redfield adoptó el concepto de "segmentos parciales" de Kroeber al referirse a los campesinos y lo transformó en la piedra angular de una conceptualizacion aceptada por la antropología norteamericana, planteando que la cultura campesina tiene como condición "que el sistema de valores... sea compatible, en general, con los de los habitantes urbanos que constituyen, por decirlo así su otra dimensión de existencia" (Redfield,1953: 40). Esta concepción de la cultura campesina coincide con la posición de Marriott que la considera como una "reinterpretación" y "reintegración" de los elementos de la cultura superior urbana. Otros antropólogos la entienden como un sector social dependiente y subordinado del sistema social mayor, como es el caso de Foster (1972); Lewis (1968) y Díaz (1977).

Para muchos autores el "pequeño mundo campesino" sufre de fuertes tensiones interiores, que pueden llevar a sus pobladores a formar facciones con grupos más amplios que les permitan superar parte de las divisiones internas como los conflictos. Las divisiones internas y laterales del mundo campesino, tales como la personalización de las relaciones sociales –a través del compadrazgo (parentesco artificial), del clientelismo y del gamonalismo– inciden en que el campesino pueda aliarse en escaramuzas violentas con fuerzas externas a su comunidad, en contra de sus vecinos, parientes y amigos.

La violencia en zonas campesinas debe entenderse como producto de la relación de estos "pequeños mundos" con sectores más amplios de la sociedad con la que están relacionados. Teniendo presente esto, lo cierto es que los levantamientos armados protagonizados por campesinos que hayan sido exitosos son muy escasos en la historia del siglo XX: la Revolución Cubana, la Revolución Argelina, la Revolución Mejicana y la Revolución China. Generalmente esto condición se ha explicado debido a la mentalidad conservadora y estática existente en las sociedades campesinas. En relación al reducido poder efectivo del campesinado Eric Hobsbawn nos recuerda (1973): "Los mayores movimientos campesinos parecen ser todos regionales o coaliciones de movimientos regionales. O bien, si los movimientos campesinos se desarrollan por todo un territorio estatal, y no son patrocinados u organizados por sus autoridades, es poco probable que sean simultáneos o que tengan las mismas características o presenten las mismas exigencias políticas. Esta formación de grandes movimientos campesinos a partir de un mosaico de otros pequeños grupos puede dar lugar únicamente a una serie de enclaves dispersos que no afectan al resto del país.

Así por ejemplo en Colombia, en los años veinte y treinta de nuestro siglo, se desarrollaron movimientos agrarios bastante potentes, organizados en su mayor parte por el Partido Comunista...Ni siquiera la coordinación del partido Comunista dio lugar a un movimiento campesino único que consistiera en algo más que en un conjunto de zonas campesinas "rojas" dispersas..." (p.19). Otros autores como Hamza Alavi (1965) y Eric Wolf (1971) comparten el mismo criterio referido a la baja capacidad organizacional del campesino en relación al impulso que ellos como grupo, clase social o sector de la sociedad pueden ejercer en el contexto del cambio político estructural.

La violencia en las regiones campesinas seria el resultado de la manipulación efectiva de sectores dominantes o de las "lealtades primordiales" al que el campesino está sujeto dentro de la estructura social. La violencia en este contexto sería un hecho social, que obliga de manera latente a que los individuos y las comunidades piensen, actúen, expresen y sientan de manera violenta. Los hechos de la violencia, se desencadenan porque existen estructuras sociales que tienen el poder de coerción y de control. Un elemento fundamental de la estructura social de sociedades tradicionales pero complejas como las campesinas, hace referencia al parentesco, dimensión que rige y dirige las relaciones políticas, económicas y religiosas. Y que necesariamente se ve implicado en los procesos de violencia ocurridos en el marco de la estructura social campesina.

La violencia se institucionaliza y genera grupos o movimientos que reivindican una praxis dirigida al cambio social. Para Camilo Torres (1968), las guerrillas desarrollaron un sistema militar administrativo informal (p. 131). Institucionalización que responde a un conflicto social "que se manifiesta por la acción armada de grupos, especialmente en vecindarios campesinos".[4] La violencia estableció procesos de ascenso social y resquebrajó y transformó las estructuras políticas tradicionales en las zonas campesinas. Para Camilo Torres, "el hecho es que a escala regional ha surgido un gobierno informal y anómico que tiene, en ocasiones más poder que el gobierno legal (p. 128)." Estas afirmaciones tienen vigencia hoy, a pesar de que fueron expuestas hace cinco décadas.

En suma, la violencia es un proceso estructural y funcional a la sociedad colombiana. Debe su existencia a la falta de

---

[4] Para más detaller ver: Guzmán, Germán; Umaña, Eduardo; y Fals Borda, Orlando. La violencia en Colombia, Monografías sociológicas,

oportunidades, y falta de espacios sociales de promoción cultural, económica y política. El motor de la violencia en Colombia ha sido el sistemático atropello al que han sido sometidos los sectores populares del país que no encuentran salidas dignas dentro de las estructuras vigentes.

2. Materiales y métodos.

La unidad de análisis del trabajo fueron los testimonios campesinos relacionados con la violencia y sistematizados en una cartilla de la Serie Conservación y Producción que se elaboró a partir de los relatos recogidos por promotores

---

Facultad de Sociología, Univesidad Nacional de Colombia, Bogotá, pp. 368 y ss,1962.

campesinos con los que se ha inter actuado por más de una década.[5]

El trabajo fue etnográfico en la medida en que los testimonios analizados se centraron en la categorización de una experiencia de vida compartida por personas que mantienen un estilo y una conducta de vida similar. El método etnográfico está ligado a la investigación estructural o sistémica, y por lo tanto está interesado en descubrir las estructuras o sistemas dinámicos que explican los "testimonios" leídos y observados.

La principal intención del análisis de los relatos fue la búsqueda de elementos temáticos

---

[5] Testimonios recolectados por Gonzalo Ruiz, Lorenzo

similares que permitieran ver la función y el significado de la violencia en la realidad personal, comunitaria y ambiental. La intención, generó un interés por las relaciones temáticas existentes dentro de los relatos. Esas relaciones cualitativas son las que permiten captar "cuantitativamente" la importancia histórica y antropológica de la violencia en la definición de pautas y patrones sociales que han venido definiendo estructuras que de manera generacional y diferenciada se reproducen y autoregulan en la sociedad colombiana casi que de manera permanente.

Suárez, Germán Garcia y Bernardo Velandia.

El enfoque básico del trabajo fue etnográfico y sistémico. El diseño investigativo partió del estudio de un material escrito y sistematizado que considerábamos interesante para la categorización etnográfica. El material básico se recogió de manera grupal por un grupo de campesinos. Ese material se publicó en una cartilla y fue a partir de dicho material que se realizó la presente investigación. El material proviene de recuerdos, vivencias y experiencias de personas mayores, todos hombres que viven o vivieron el en norte de Boyacá.

Es importante advertir, que la investigación parte del análisis de testimonios ya escritos, surgieron de la interacción de promotores campesinos con personajes y actores claves de varios municipios. Básicamente la información se generó desde un diálogo coloquial o entrevistas semiestructuradas. Sin haber abordado el tema, se orientó la investigación por el lado de la investigación etnográfica participativa. Concepto difícil de defender, especialmente cuando la etnografía se ha sido visualizada como obra de una sola persona. Se acudió a técnicas de categorización etnográfica, pero no se realizó toda la investigación regida por el método etnográfico, ya que la labor de recopilación de los testimonios, que no la realizó una sola persona, se saltó varios pasos etnográficos: atención por los contenidos y la forma de la interacción verbal entre los sujetos, atención el fenómeno estudiado.

En relación a los resultados del análisis y la teorización, se utiliza el enfoque de tres niveles descriptivos propuesto por Miguel Martínez. En el primer nivel, la descripción normal pretende hacer una síntesis descriptiva de los materiales analizados. Paralelamente se corresponde con testimonios que enmarcan el sentido general de la idea expuesta. En el segundo nivel, referido a la descripción endógena, se presenta una descripción generada desde adentro, buscando desarrollar nexos y relaciones causales de los datos proporcionados por los testimonios. El tercer y último nivel, lo defino como descripción densa y pretende presentar un estado emocional del investigador referido a reflexiones a las que condujeron los datos y los análisis realizados. En este nivel me aparto de la clasificación de Martínez, y me permito un marco de especulación más libre.

3. Resultados y análisis.

3.1. Descripción normal.

Matar es una práctica permanente que se encuentra de manera manifiesta u oculta en todos los relatos. De acuerdo a la memoria de los abuelos mayores de este país, matar liberales, godos, matarse entre sí, en un proceso que viene desde la guerra de los mil días, que es seguida por otros procesos de violencia armada que ha vivido el país. La violencia es impulsada y generada por el poder político nacional, que entra a tener amplío dominio sobre la burocracia estatal. Lo subversivo es interpretado desde la subjetividad propia del que tiene el poder: *Respecto a la guerra del 30, la parte que más me acuerdo era que como estaba de recién entregaba el partido conservador y no le quería dejar, vino la violencia de los liberales que pusieron la policía y fuerzas militares, así como para oprimir los subversivos que resultaban en ese tiempo. Los subversivos de esa época eran los del partido conservador porque estaban caídos, acabados de caer... Entonces por eso vino el sectarismo político. Y hubo muchos muertos, sobre todo en los pueblos conservadores, porque este departamento de Boyacá ha sido y es conservador; la mayoría de estos pueblos que rodean El Cocuy y no había sino Cocuy liberal y Chiscas no más.*

Los testimonios de personas mayores sobre la violencia de los años 50, paradójicamente se ven complementados con remembranzas de niñez que los trasladan a principios de siglo cuando *"todavía estaban en guerra dura por ahí en 1901"*. La guerra, la violencia partidista de los años 50, no tiene un sentido lógico, no es claro el por qué, para las personas que participaron en ellas. Se sabe que es por asunto de la política, pero realmente se desconoce el trasfondo real del problema que originó la violencia. Las causas de la violencia no son claras, pero sus hechos marcaron la vida de miles de personas. Durante años la cotidianeidad de la gente se vio interrumpida, condicionada al pensamiento sobre la violencia. Toda actividad giraba sobre los males que le podían ocasionar los otros.

Es claro que los gobiernos nacionales, departamentales y locales de turno, participaron activamente en el proceso que llevó y generalizó la violencia en zonas campesinas. El ejército y la policía se involucraron activamente en el conflicto. La violencia se difundió con mayor virulencia en algunas veredas especialmente. Lo anterior se explica a la luz de las diferencias ideológicas que algunos de los miembros y habitantes de las veredas tenían en relación con los grupos que en determinado momento tenían en poder, ya sea control del concejo municipal o la alcaldía. La presencia del ejército y la policía significó la pérdida por hurto de mulas y otros elementos valiosos de los campesinos. *"Me llevé dos machos y dejé las otras bestias en el potrero; sí señor, al medio día bajó la guardia esa y rondaron todo eso, carajo!, y se barrieron las mulas, entre esos todavía extraño un caballo!, el caballo de montar que le había comprado al doctor G.S.".* El campesino se asemejó a la condición de delincuente y fue atacado con toda la tecnología que se disponía para la época: *"Ah!, ahora recuerdo un bombardeo que hubo en La Salina. Bueno, pues allá llegó como una semana el bombardeo todas las mañanas de siete a nueve de la mañana; nada más que recorriendo el paraje Salinero y bote bombas. Un día yo*

ya tenía unas huertecitas –la gana
de trabajar la agricultura donde
quiera que va uno–, había puesto
por ahí la sembradura de unas diez
arrobas de papita y maicito y todo
eso, cuando estaba soplando
candela la cocinera para hacerle el
almuerzo a los obreros, cuando
"purrún", llegó el avión; "apaguen
esa candela y recójanse para
alguna parte por ahí debajo de los
matos donde no vean" y corra yo
volao a la casa, no sea que boten
alguna bomba en eso y quién sabe
cuántos sucesos haya, yo me voy.
Bajé por todo eso y cuando iba ahí
arriba en el potrero de Barroblanco
que se llama, sonaban las bombas
y el pedregalón de munición en
todo ese matorral y me metí una

escabellada de ver el golpecito de la "totiazón" y que ya venía el avión encima.

La migración de la gente se inició, no tanto por el despegue de la economía capitalista (Rostow), sino por la violencia partidista que les tocó vivir. Muchos de los habitantes de la región tuvieron que cambiar su lugar de residencia. Se consolidó un proceso migratorio no siempre como producto del cambio macroeconómico del que hablan los economistas. Hubo una configuración demográfica, sociopolítica y territorial. La gente tuvo que migrar de un pueblo a otro. *"ahí'ta pa'que vea como fue la guerra del 49, entonces a causa de eso que pasó resulta que el partido liberal de El Cocuy se disminuyó, antes todo era liberal menos Palchacual, ahora es conservador parte de Cañaveral y Mortiño; liberales quedan por ese lado de Carrizal y Primavera, eso es lo que le puedo contar de las trifulcas esas del 48".* Lo anterior generalizó un proceso de empobrecimiento y provocó igualmente un proceso de descampesinización de la sociedad del norte de Boyacá. La violencia no solo fue un proceso impulsado desde las directrices ideológicas de los partidos tradicionales, fue posible en la región también debido a la existencia de agudos procesos de diferenciación social al interior de las sociedades campesinas. La concentración del poder económico y político regional y local se daban, y fueron factores que influyeron en los procesos de violencia en el norte de Boyacá. *"Por aquí se comentaba que la pelea era más entre los vecinos, es decir entre Chiscas, El Espino y Güicán, más que mentarse que la pelea era allá, entre los jefes de Bogotá, liberales o conservadores. La pelea era entre vecinos, allá no había forasteros, además no había radio, de eso no había nada, hasta ahora principiando, en muy tal cual parte se decía del teléfono y eso la mayor parte pensábamos que la razón iba allá en el "posta de fulano", ahí le hace demora...En esa guerra no había nada de comunicación, no había radioemisoras, por ahí los periódicos y los chismes de la gente.*

La violencia generó dinamismos y movimientos que obligaron a la gente a salir de su vereda. Algunos testimonios dan la idea de que la sociedad rural era inmóvil, hasta antes de la violencia. *"Entonces, ya después los que nos movíamos -porque la gente en esa época era como muy sin conocimiento, muy ingenua porque no se movían- y entonces ya echamos a salir nosotros pa' Bucaramanga, pa'Pamplona y ya nos informábamos de noticias y venía uno y contaba, y decían, "ya cogió por allá a traer chismas, eso* de 'garlero', uno era de su cabeza que sacaba, que porque ya fue a Bucaramanga, ya viene contando cosas; de golpe echan a contar cosas de la otra vida". No, era porque ya se daba uno cuenta de las cosas, siempre moviéndose uno, algo se informa." Se generaron cambios y reconfiguraciones regionales de carácter económico debido a las violencias, que pueden explicar hoy el nivle de postración de muchos municipios "pujantes" hace algunas décadas: *"Don L.J. cuenta que El Cocuy de hace 40 o 50 años era más pujante que Duitama y Sogamoso. Hubo un tiempo que El Cocuy tenía más importancia que esas ciudades en su comercio y en sus movimientos, luego entonces por motivos de la violencia fue decayendo más y más y yo sí creo que la violencia actual es fruto de la violencia pasada de mil novecientos. La de los Mil Días, la de 1930 y la de 1948. De esa en adelante, que es motivo de la actual, la motivó esa violencia".* La gente ganó o perdió fincas y tierra dependiendo de las circunstancias. Muchas transacciones se quedaron sin realizar, ya que uno u otro de los actores de contratos muere antes de que pueda firmar. esta situación marco el sino y el itinerario de vida de miles de familias campesinas: *"Mi mamá era una mujer muy cándida, muy ingenua ella, como que no se daba* ni cuenta, pero lo único que contaban es que quedamos a puro brazo cruzado, pobres, porque en esas mi papá hizo un negocio de una orilla de tierra con el patrón, don E.L.; entonces mataron a mi papá y la plata la cogieron y no le hicieron escritura y quedamos sin nada."También hizo un negocio mi papá con don R.H., de un paraje, en Conejos, tras del Alto de Siachoque, allá se criaron mis hermanas y tenían su hatico de ovejas y cabras; le compró mi papá el terreno a don R.H.; mataron a mi papá y se hizo el pendejo don R.H. y quedamos sin nada; acabaron con las ovejitas y con lo que hubo y con el dicho "que esto fue lo que había comprado, pero sin *escritura!". Cuentan que muchos conservadores se quedaron con la tierrita de los liberales que salieron corriendo huyendo de la trifulca, pero sobretodo quemaron mucho comercio, las casas llenas de trigo, maíz y les prendieron candela! También les daban machete a las reses, eso murió mucho ganado d'esta forma.*

Fueron varias las instituciones formales que participaron en la violencia. Por ejemplo, las instituciones educativas se vincularon con las acciones de algunos maestros al proceso de la violencia. El profesor rural, se convirtió en modelo para la incorporación de un a conducta violenta. Sus lecciones y su transmisión cultural eran básicamente los mismos esquemas de violencia que estaba viviendo toda la región: *"Le dije bueno, si es así está muy bien por fin o si no..., me fui con el cantor y, los otros muchachos a la pata, conforme dijo el cantor así fue, pero no recuerdo muy bien; pero el maestro que teníamos en Santana si era un desventurado porque se la tenía velada a unos dos muchachos porque eran pobres, porque eran muy liberales los "guarichos", sobre todo uno, el más pobre, pero era el más arrecho y afiló un zuncho, se armó por ahí en un zuncho de un barril y lo afiló bien y el Domingo de Ramos le hizo el primer ensayo a un "godo", le pegó un navajazo, escapó y le quita la oreja. Y lo hizo castigar el maestro muy severamente y lo sacó al patio y ahí lo dejó arrodillado, y nos sacó a otro poco de muchachos a guardiarlo y él se fue a dormir y, camine pa'cá, pase aquí, carajo; siempre nos defendíamos con los liberales pero mal".*

Podría pensarse que la violencia generó un proceso de distribución predial. Habría que investigar más sobre el proceso, en el sentido de percibir en él un proceso de redistribución que les permitió a muchos pobladores hacerse a la tierra, debido a la salida de la región de sectores burgueses rurales: *"El doctor E.S. por supuesto que era conservador.*

En ese negocio de fincas en la violencia alguna gente se aprovechó de la situación para comprar más barato o hacían fuerza pa'que vendieran las fincas. Mucha gente no vendía, yo tenía la finca que era de L.L.; me la había arrendado, me dijo: "cómpreme esa finca". Le dije: "yo no tengo con qué". Dijo: "bueno, entonces mientras consigue, se la arriendo". Arreglamos el arriendo y yo puse mi cosecha, yo le daba diez mil pesos a L.L. por la finca, una finca grande y dijo "no, dejemos así, se la doy por doce mil pesos, es lo más barato que se la puedo dar y eso sí, me la paga cuando usted quiera, o me la va pagando conforme le vaya socorriendo me la *va pagando, pero mientras eso se la arriendo".*

La violencia en la región del norte de Boyacá fue un proceso que contó con la participación institucional. Aparentemente cumplió la función de legitimizar conductas y visiones de mundo que garantizaran una "adecuada interpretación de la realidad", las instituciones religiosas católicas, cayeron en la trampa política y participaron activamente en el desarrollo de actividades, eventos y conductas violentas. En términos de la participación directa del clero encontramos las siguientes afirmaciones: *"Ya me acuerdo cómo se llamaba el cura que le metía candela a las casas, pues era el cura M., el nombre del cura no sé yo como se llamaría; el cura M. que también salía, -ahora pienso por qué se me hizo el cura tan enemigo-; porque él subía siempre a la vereda a decir misa y salía por el camino real; como a dos cuadras de la casa salía gritando: "oh E.Z., camine a misa, oh E.Z., camine a misa"; y en el púlpito todos los domingos ese era su oficio; escuerarme: que yo era un ladrón, que yo era un asesino que estaba muy asociado con los "guapazos" del Colorado en Guaca[6], porque yo viajaba mucho a Bucaramanga y que era que yo tenía socia con los Coloradeños, que los traía al Espino, a matar*

---

[6] Municipio liberal de la Provincia de García Rovira en el departamento de

conservadores." Sí señor, a los pocos días el cura era el que iba en la vereda encendiendo candela con los acólitos y por eso era que el doctor G.S. decía "como que viene es una mujer" y se principió la violencia y sufran unos y sufran otros y quizás sufrieron más los conservadores que ni los liberales. ¿Qué por qué? Porque los conservadores jodidos de hambre, mucha despensa grande en Santana, mucho qué comer, pero quién les cocinaba..." La intolerancia religiosa generó procesos de violencia religiosa: *Yo conozco algo de la violencia en esta zona, especialmente de la violencia del 48, entonces puedo*

Santander.

contar algunas cosas. Más que todo el problema para nosotros fue por asuntos religiosos, nosotros somos de la Iglesia Luterana y más que por política, nos persiguieron fue por religión; siempre que salíamos la gente nos miraba mal, especialmente porque los curas en los sermones echaban contra los protestantes porque estaba comenzando una obra en la Iglesia Luterana aquí, y por eso la gente entonces nos odiaba y cuando andábamos por las calles...

El párroco por esa época era un padre L.M y también el anterior, J.M., recuerdo que una vez salieron a la casa unos policías en el tiempo de la violencia de 1950 y estaba ahí con mi mamá en la casa y otro hermano y salieron de noche los policías y el que los iba guiando era el inspector de policía un tal M.S. y esa noche me hirieron a mí y mataron un hermano y se veía que ellos no buscaban armas, sino que buscaban libros o biblias, lunarios y esas cosas. Llevaban fusiles, me hirieron y no me dejaron poner la ropa; tuve que venirme en pijama y solamente me dejaron poner un sobretodo, nos trajeron con otro hermano -al otro lo mataron- y en la puerta de la cárcel quemaron las biblias y los policías decían: "huele a diablo, ese humo huele a diablo".

Y al meternos a la cárcel, nos metieron en un tanque de agua y a otro familiar lo descalabraron y luego entonces ahí a mí me demoraron quince días en la cárcel de El Cocuy; al otro lo llevaron para Santa Rosa y lo soltaron como a los veinte días.

¿Qué de qué nos acusaban? Pues todo lo más era por religión, por ser protestantes y recuerdo que la primera noche estábamos acostados y entró allá un guardián y dijo: "Vamos a rezar el rosario". Yo me quedé ahí acostado y dijo con unas palabras groseras: "No es capaz de levantarse para rezar el rosario?". Pero yo no lo sabía, no ayudé a rezar, pero me tocó que levantarme porque nos obligaron a levantarnos. Dentro de la cárcel había algunas personas que al principio nos hostigaban, pero a mí me mandaban muchas cosas, como vino, galletas, cosas así, la gente del pueblo con niños o con muchachas de la casa y yo tuve que mandar llevar un baúl para echar todas esas cosas; luego se las repartía a los presos.

En así como a veces nos veíamos atacados por ambos lados; por un lado, porque atajábamos que la gente no cometiera desmanes y, por el otro lado, porque éramos evangélicos y era un problema grande para nosotros. Más tarde hubo una misa en Carrizal con el cura L.M.; estaba de alcalde un capitán P.B., un capitán de la policía; entonces cuando estábamos en la misa, -había bastante gente-, el cura habló algo de los protestantes; nosotros *estábamos allá y toda la gente nos miraba, aún los liberales nos miraban mal, no todos, pero una gran parte nos miraba mal. De pronto uno de esos, antiliberal se levantó y delante de todos dijo: "Padrecito yo le pido que reconozca que aquí no todos somos protestantes, aquí apenas hay unos poquitos en esta vereda que son protestantes, que nos han acochinado la cara, nos han avergonzado mucho: pero padre tenga en cuenta que todos no somos protestantes, aquí la mayoría somos católicos, apostólicos y romanos". Esa gente gritaba: "Abajo los protestantes" y otras cosas horribles; liberales y conservadores gritaban.*

La violencia empezó a fomentar la visión estereotipada, sobre pueblos violentos, en este caso los Boyacenses, y ojalá fueran de la vereda de Chulavita en el municipio de Boavita. *Yo venía en el barco "Julio César" barco italiano; al llegar a Buenaventura el que revisaba los papeles nos dijo: "no digan de dónde son, yo les pregunto primero". Bueno, ahí venían japoneses, alemanes, norteamericanos, centroamericanos y de otras partes, porque era un barco bastante grande. Cuando me tocó a mí, preguntó: "usted es colombiano?". Le respondí: "sí, soy colombiano". ¿Pero de qué parte, de Boyacá? Le dije: "de Boyacá". Y ahí se me hizo raro y le dije: "por qué adivinó?". Porque usted tiene el mismo dialecto que esos que vinieron en la violencia por aquí. Y rastrilló el dedo. "Mire!". Quiso decir a matar. Me dijo: "tiene el mismo dialecto de los Chulavitas". Le dije: "pero yo no soy chulavita". Dijo: "bueno, pero tiene el mismo dialecto". Y me sacó por esos. "Eso quiere decir que los Chulavitas se desplazaron a nivel nacional fueron hasta, imagínese hasta el Valle!; eso se me hizo raro, luego ese hombre diciéndome eso!; de manera que se extendieron harto, ahora no se iban a extender hasta aquí, hasta el Cocuy".*

La violencia, como práctica intolerante de eliminación del

discenso y de la diferencia, se transmite culturalmente de una generación a la otra. El otro, el diferente, es presentado por las instituciones culturales como el subversivo, el malo, el ser atípico. Esas afirmaciones conducentes a un supuesto orden cultural legitiman y sanciona las acciones conducentes a la erradicación de la diferencia. *"Respecto al aspecto político entre liberales y conservadores, como yo era de una vereda bastante liberal, siempre escuchaba hablar en contra de los conservadores, como algo tenebroso, como algo mal y me contaban de varios episodios ...y, cuando hablaba con un conservador lo mismo; y notaba yo como algo que fuera en la sangre, algo natural de cada grupo; un liberal, de ser tan liberales por herencia y cuando hablaba con un conservador, como algo natural de ser conservadores por herencia y así, entonces uno iba observando y lo iban contaminando con ese concepto político."*

Los conflictos y la violencia han estado muy ligados a la problemática ambiental y las condiciones de sequedad del cañón del Chicamocha. Son conflictos ambientales que involucran aspectos más cotidianos y permanentes, pero que evidencian la forma intolerante de resolver los problemas.: *"Un 29 de enero, la familia S.P. me contrató para que le trabajara desde las dos de la madrugada a caminar cerca de dos kilómetros hasta la quebrada de Sascanova a echar el agua por la toma del mismo nombre y recorrerla hasta que llegara al potrero de su finca. Hacia las siete de la mañana, ya entrando con el cárcamo de agua a esta finca, estábamos pasando por cerca de la casa y finca de propiedad de la familia S.C. yo iba en compañía de mi patrona S.L. de S. cuando sale la señora E.C a prohibirnos el paso del agua por su finca. Se trataron muy mal con mi patrona y desde ese día se inició una guerra entre esas dos familias que duró más de diez años causando daños, malos tratos,* *escándalos en la vereda, intranquilidad en los vecinos, demandas, multas y heridos y todo por **el agua**."*

En la actualidad, los viejos, los niños y la sociedad entera de la región tiene que seguir viviendo, aprendiendo e incorporando en sus relatos nuevas acciones violentas, que están dadas por la presencia de las Fuerzas Armadas Revolucionarias de Colombia, y por el ejército de Liberación Nacional. El respaldo popular es escaso, sin embargo, la gente vive con esos grupos, si entendemos precisamente que la guerrilla en Colombia es un fenómeno ligado al abandono del Estado o al exceso de arbitrariedades del Estado, y que produce que miles de personas no tengan otra alternativa que unirse al sueño revolucionario, incluso reconociendo la pobreza conceptual del discurso y las arbitrariedades de toda índole que comenten en la actualidad los grupos insurgentes. De todas maneras, mientras el Estado colombiano no se reforme radicalmente, muchas personas seguirán confundiendo el camino, los medios y el fin, y se incorporaran a las instituciones armadas insurgentes. La violencia no se detiene. Los habitantes viven con ella y aún hoy es parte de sus vidas. *"Yo me acuerdo del día sábado Santo, me parece era el año 1993, yo estaba aquí* trabajando cuando llegó la guerrilla

por segunda vez y echaban bala y

tal cosa entonces yo me fui para

allí a la plaza al parque, a escuchar

lo que irían a decir, dije voy a ver si

es cierto, me puse intranquilo,

cerré la puerta y ese tiroteo que no

acababa, me temblaba la mano,

eso sí,   miedo no me dio, la

primera vez que llegaron, la

primera vez que llegó la guerrilla

estaba yo allá en la tienda de la

esquina,   yo ya había dormido

cuando ese tiroteo tan verraco, yo

lo que hice fue hay bendito sea

Dios vayan, vayan, quesque esto

va a haber castigo, dale gusto a la

materia y a lo espiritual nada, todos

llevados del mismo diablo y eso es

lo que está pasando ahora, buscan

la paz donde no está ". A lo largo de toda la década de los noventa, varios pueblos del norte de Boyacá han sufrido la violencia de las tomas guerrilleras. Pueblos como El Cocuy, El Espino, Chiscas, La Uvita, y Chita, ubicados en la margen oriental del río Chicamocha, tienen que convivir con la zozobra permanente de verse enfrentados ya sea a la presencia de la guerrilla o los intermitentes ires y venires del ejército colombiano. Sin embargo, la violencia de hoy mantiene un rasgo cualitativamente distinto de la violencia de la década del 50; en general, las instituciones culturales campesinas no participan del proceso, si no se ven obligadas a convivir con él. Alcaldes, consejos municipales y profesores son obligados a aceptar los dictámenes, criterios, eventos, foros y otras actividades que programa la guerrilla. Pero lo cierto es que la gente está hastiada de esos "iluminadas" y de sus dogmas terrenales.

3.2. DESCRIPCIÓN ENDÓGENA

• Presencia de intolerancia, negación de la diferencia y manipulación sentimental e ideológica del campesino.

- Inestabilidad cultural de las instituciones que rodean al mundo campesino y que terminan fomentando una vida instintiva dirigida hacia la violencia.

- Se percibe en los entrevistados cierta añoranza por sus experiencias y vivencias en los procesos de violencia.

- La temática de la violencia aparece muy unido al mundo de lo religioso que participa de manera doble en su movimiento: por un lado, generando violencia, y por el otro lado, sepultando "exorcizando" a sus muertos.

- Paradójicamente el problema de la violencia no aparece tematizado como un mal, la violencia esta sancionada favorablemente desde diversas posiciones ideológicas que la terminan aprobando.

- El efecto más contundente y grave de la violencia es la muerte, producto ella en circunstancias donde no se espera el desarrollo biológico normal de la persona, de la incapacidad de elecciones adecuadas del ser humano.

- La violencia es el producto de agudos procesos de diferenciación social, que manifiestan precisamente el malestar de una cultura campesina que no es armónica y sufre los procesos de desestabilización y reacomodación de esctructuras societarias de carácter comunitario, que se diluyen en el individualismo del marco general del mundo capitalista.

• La violencia ha implicado para la región un proceso de involución cultural que ha afectado los paisajes, sistemas de producción, relaciones familiares y pérdida de personas humanas valiosas para la configuración territorial y cultura.

• La violencia narrada y explícitamente reconocida como tal por los habitantes, es una violencia sentida especialmente por los hombres, se entiende que la sociedad machista del norte de Boyacá, esconde u "oculta" los posibles sufrimientos de niños, mujeres, ancianos, animales y plantas.

• La erradicación de las causas del deterioro e injusticia social, por vías de la violencia, existentes hoy en el discurso de los grupos insurgentes, no hacen sino generar otras cadenas que oprimen y reproducen el ethos violento que ha tenido que vivir Boyacá durante un siglo de manera evidente en los relatos de vida de ancianos, cuyas edades están entre los 70 a 86 años de vida.

- Las instituciones campesinas de vida comunitaria sufrieron un fuerte colapso en sus funciones de reciprocidad y cooperación, debido precisamente al desencadenamiento de conflictos sociales, que se colocaron por encima de la satisfacción de la necesidad básica de la cooperación.

- En lo religioso, hay una tremenda pérdida del sentido cristiano del sacerdote, como buscador de Dios y pastor del pueblo por excelencia.

- Consecuentemente, sólo Dios y la experiencia de él por parte de su pueblo puede reconducir e iluminar a las personas y a la comunidad al reencuentro con el sentido sagrado de la vida. Solo Dios puede romper la alienación y la depravación.

• En el plano político se aprecia la disfuncionalidad del sistema político y predominan tendencias entrópicas anticulturales que imposibilitan y frenan el desarrollo de cualquier proyecto de identidad regional.

3.3. DESCRIPCIÓN DENSA.

En Colombia gobierna una minoría, que en nombre de la mayoría nos impone un destino incongruente y nos HACE PELEAR UNAS GUERRAS QUE NO SON NUESTRAS GUERRAS. Uno de los factores que tiene que ver con la violencia en Colombia ha sido el de la incapacidad de los gobiernos de turno de cumplir el mandato constitucional de garantizar la paz de la vida en común de los ciudadanos del país. Otro tiene que ver directamente con la incapacidad de la sociedad civil colombiana por hacer efectiva y exigirle al estado la incorporación de estrategias para logar la paz. Cualquier estrategia tendrá que pasar por la consolidación de espacios de justicia social, de la implantación y desarrollo audaz de una sociedad verdaderamente plural, basada en el ejercicio crítico de la razón humana. Las instituciones del país tendrán que continuamente perfeccionarse para llegar a crear un ambiente verdaderamente democrático. El estado es un mal necesario, y se justifica solamente si todos los colombianos a través de su acción logran realizar algunas de las aspiraciones que tienen. Erradicar la violencia implica eliminar todo tipo de discriminación hacia los pobres, los marginados, la mujer, los niños, hacia el cristiano, hacia el incrédulo, hacia la naturaleza. Las escuelas y el sistema educativo del país tienen que convertirse en un instrumento para el desarrollo pleno de las autonomías locales dentro de un criterio de unidad nacional, además de colaborar en el fortalecimiento de los distintos tipos de familias existentes en el país; la economía tiene que hacer un fuerte énfasis en la redistribución del ingreso y del conocimiento, y tiene que manejar criterios más eficientes en lo relativo a las tecnologías que dañan los ambientes biofísicos del país; se requiere fortalecer la actividad sindical y la dignidad del trabajador y del obrero. Para el campo, es urgente desarrollar una política de reforma agraria que le de tierras a miles de familias campesinas que se encuentran sin tierras. Son muchas las recomendaciones que se pueden hacer para lograr la paz. Quizás uno de los elementos más importantes es entender que la violencia tiene un significado profundo que nos cuestiona a todos los colombianos. La violencia es el resultado de una carencia y de una arbitrariedad, ya sea afectiva, política, económica o espiritual; y en ese sentido la paz, para el que verdaderamente cree en ella, no se reduce a una mera cuestión intelectual, sino que implica también a la voluntad humana, y a la acción. La no violencia, de acuerdo a Mahatma Ghandi, será entonces el arma del fuerte, aquella que jamás fracasará y para practicarla habrá que poseer una paciencia sin límites

(Ghandi,1998). La PAZ tiene que difundirse, y tiene que construirse como mensaje de Dios y como mensaje de lo mejor que hay en el ser humano. La Paz debe convertirse en un principio activo dentro de cada uno de nosotros. La PAZ y el AMOR son las mejores ideas que ha forjado el ser humano a lo largo de su recorrido histórica. Pero tienen que tratarse de concreciones de la unidad y comunidad omniabarcantes que convienen a la fe en el Dios único y que tienen su criterio tanto en la universalidad de la razón como en la ilimitación del amor. Tenemos que unirnos y unir, tenemos que actuar para hacer de la idea de PAZ una realidad y expandirla hacia otros en la familia, la sociedad, la patria y la humanidad.

CONCLUSIONES.

Los relatos campesinos son un interesante mecanismo para adentrarse en el estudio de los procesos de violencia. Esos relatos sintetizan un universo de eventos vividos por diversas personas, y reflejan interesantes aspectos de la causalidad, la estructura y función de la violencia campesina e institucional que ha vivido la región del norte de Boyacá a lo largo de todo el siglo XX. El origen de la violencia experimentada y sufrida en el norte de Boyacá, no se puede entender sin traer a la memoria los conflictos políticos que vivió el país en el siglo XIX y que tuvieron su punto de ebullición con la guerra de los mil días. La región objeto de estudio se ha vinculado a las prácticas de violencia debido a las condiciones de servilismo que le ha tocado vivir a sus pobladores incluso en momentos avanzados del siglo XX. Si el patrón tiene que combatir se ha llevado con él a sus trabajadores agregados, a sus arrendatarios y peones. El conflicto ha sido empujado por estructuras de poder (grupos de poder) que canalizan prácticas violentas, para legitimar un orden establecido, y se apoyan en lealtades funcionales que la sociedad construyó con base en las diferencias sociales existentes entre el campesinado, el arrendatario, el terrateniente y el burgués rural. *"La fuerza histórica pasa de unas manos a otras y de la misma forma que la clase de los propietarios, la burguesía, utilizó para su propio provecho el principio de igualdad (igual de derechos), también la clase de los que nada poseen, el proletariado, aspira naturalmente a hacer uso del principio de igualdad en su propio provecho, tan pronto como la fuerza caiga en sus manos"* de acuerdo con lo escrito por el autor Vladimir Soloviov, el orden social no puede recaer en ni en la burguesía ni en el proletariado, sino que este debe sustentarse en fundamentos positivos, que trascienda lo niveles humanos, centrarse en el amor y la voluntad divina (Soloviov, 2006). Esas lealtades funcionales entre patrón y campesino, se articulan entre lo rural y lo urbano, y responden de igual manera inter-funcional a la lógica mercantil y capitalista que busca explotar al campo en aras de la reproducción del capital y de la búsqueda de la máxima ganancia.

Colombia es un país que no renuncia a ser alegre. Y esa sí que es una condición importante, porque la alegría, si recordamos a San Pablo es un efecto de la acción del Espíritu santo (1 Tes 1, 6), y aparece, al lado de la justicia y la paz, como expresión del gobierno de Dios (Rom 14, 17). La condición para que realmente nuestra alegría pueda ser plena, tiene que ver con la posibilidad de experimentar en nuestras vidas y en los procesos de interacción social que las rodea, la armonía y la comunicación sincera y fraterna entre todos los hombres, entre la naturaleza y Dios. De lo contrario, la alegría puede engañarnos (Sant 4, 10) y convertirse en un sentimiento de autoalienación, cómplice finalmente de la alienación que viven todos los días los agentes de la guerra y de la muerte en Colombia. En Colombia se vive la violencia como el resultado del dominio tiránico de unos hombres sobre otros y de la ausencia de una verdadera y auténtica experiencia de Dios. La paz, como categoría ontológica universal, implica que todos en Colombia la deseamos desde lo más profundo de nuestros corazones; sin embargo, para que la paz sea una realidad, se requiere como decía San Agustín, que todos los seres subsistan en un estado de reposo y orden (*La Ciudad de Dios*). Eso lo que quiere decir, es que yo como individuo tengo que en mis relaciones con otros buscar la paz, pero fundamentalmente tengo que construirla en el orden de lo personal. La paz es un propósito social con implicaciones en el plano de lo personal. Mi cuerpo y mi alma tienen que estar en paz consigo mismo. Los violentos en Colombia también buscan su paz, solo que la buscan según su particular idea de ella. ¿Qué es entonces la paz, si todos los seres humanos tenemos una particular idea de ella? La auténtica paz –siguiendo a San Agustín–, esta dada en la concordia, y fundamentalmente en la concordia dentro de la casa y la familia. Por eso, como veníamos diciendo, la paz en Colombia se tiene que realizar estratégicamente en todos los hogares. Simultáneamente a esa paz doméstica, tenemos que realizar la paz como ciudadanos en el Estado. Es interesante observar, qué dentro de su sabiduría, Agustín ponía como condición la referencia obligatoria a Dios, y decía Agustín que allí donde la paz terrena no se refiera a la paz futura del cielo, el orden de la justicia está lesionado porque se niega a Dios su derecho sobre los hombres. Las consecuencias son las revueltas y las guerras, en las que, según Agustín, cada uno de los partidos y los bandos intenta imponer su propia representación de la paz verdadera. Pero la paz auténtica, como ya se insinuó, es el resultado de unos planos "espirituales y materiales" jerárquicos y políticos que partiendo de la familia y de un gobierno para el bien, busquen la realización de la justicia y la paz. Como es de suponer, cuando esto no sucede lo que se genera es una violencia estructural, incluso legitimada por el aparato de estado. Para el antropólogo Service, se llega a la violencia represiva en gran escala –y ha sucedido innumerables veces en la historia del país– sólo allí donde el sistema político "esta perturbado en su capacidad funcional y predominan tendencias centrífugas". Es decir, estamos hablando de la disfuncionalidad de los modelos políticos que venimos desarrollando en Colombia y que han sido incapaces de representar los intereses de la nación colombiana, nación que como se sabe es sumamente diversa desde el punto de vista de sus regiones.

AGUSTÍN, Santo. 1994. *La Ciudad de Dios*. México: Editorial Porrúa, S.A.

ALAVI, Hamza. 1965. Peasant and Revolution. En: Milliband, R., y Saville (eds) *The Socialist Register.* London: Merlin Press, pp.241-277.

ARCHETTI, Eduardo. 1978. "Una visión general de los estudios sobre el campesinado", *Revista Estudios Rurales Latinoamericanos*. Vol. I No. I, pp. 7-32.

ARCHETTI, Eduardo. 1979. "Chayanov, la organización de la unidad económica campesina". En: *Economía Campesina*, Lima: Centro de Estudios y Promoción del Desarrollo (DESCO), pp. 73-83.

BARTRA, Roger. 1979. "Teoría del valor y la economía campesina: invitación a la lectura de Chayanov", En: *Economía Campesina*. Lima: Centro de Estudios y Promoción del Desarrollo (DESCO), pp. 291-308.

BENGOA, José.1979. "Economía campesina y acumulación capitalista", en: *Economía Campesina*. Lima: Centro de Estudios y Promoción del Desarrollo (DESCO), pp. 245-287.

BENGOA, J. y Crispi, J. 1980."Capitalismo y campesinado en

el agro chileno", En: *Revista Estudios Rurales Latinoamericanos*, Vol 3, No. 2.

BOBBIO, N. 2008. *El problema de la guerra y las vías de la paz.* Barcelona: Gedisa.

CHAYANOV, Alexander.1979. "La organización de la unidad económica campesina: Introducción", en: *Economía Campesina*, Lima: Centro de Estudios y Promoción del Desarrollo (DESCO), pp. 107- 135.

COELLO, Manuel. 1979. "La pequeña producción campesina", en: *Economía Campesina*, Lima: Centro de Estudios y Promoción del Desarrollo (DESCO), pp. 217-241.

COX, M., Niño de Zepeda y Rojas, A. 1990 "Política agraria en Chile. Del crecimiento excluyente al desarrollo equitativo", Santiago: CEDRA.

DALTON, George, 1961. "Economy Theory and Primitive Society", *American Anthropologist.* 63, pp. 1-25.

DEWEY, Alice. 1962. *Peasant Marketing in Java.* New York: Free Press.

DÍAZ POLANCO, Héctor.1977. *Teoría marxista de la economía campesina.* México.

FIRTH, Raymond. 1951. *Elements of Social Organization*. London: C. A. Watts.

FISAS, V. 2009. *Anuario de procesos de paz. América Latina. Colombia.* Barcelona: Icaria editorial:

FOSTER, George. 1964. *Las culturas tradicionales y los cambios técnicos.* México: Fondo de Cultura Económica.

FOSTER, George.1972. *Tzin Tzun Tzan.* México: Fondo de Cultura Económica.

FREUD, Sigmund. 1989. *El Malestar de la Cultura*. Barcelona: Siglo XXI,

GALESKI, Boguslaw. 1977. *Sociología del campesinado.* Barcelona: Editorial Península.

GANDHI, Matma. 2001. *Quien sigue el camino de la verdad no tropieza.* Santander: Editorial SAL TERRAE:

GUZMÁN, Germán; Umaña, Eduardo; y Fals Borda, Orlando. 1962. *La violencia en Colombia.* Monografías sociológicas, Facultad de Sociología, Univesidad Nacional de Colombia, Bogotá, pp. 368 y ss.

HERNÁNDEZ, Roberto. 1991. Fundamentos socioculturales de la racionalidad económica campesina en el Departamento Bejuma, Estado Carabobo, Venezuela, Maracay,

Universidad Central de Venezuela, Tesis de Maestría en Desarrollo Rural.

HERNÁNDEZ, Roberto. 1996. Teorías sobre campesinado en América Latina: Una evaluación critica, *Revista Chilena de Antropología*.

HOBSBAWN, Eric J. 1976. Los campesinos y la política. *Cuadernos Anagrama*, Barcelona.

IRIZAR, L. B. (2013). *Humanismo Cívico: una invitación a repensar la democracia*. Bogotá: Editorial San Pablo.

KERBLAY, Basile. 1979."Chayanov: su vida, carrera y trabajos", en:

Economía Campesina. Lima: Centro de Estudios y Promoción del Desarrollo (DESCO), pp. 27-69.

KROEBER, Alfred. 1945. Antropología General. México: Fondo de Cultura Económica.

LEWIS, Oscar. 1968. *Tepoztlán. Un pueblo de México*. México, Editorial Mortiz.

LÉVI-STRAUSS, Claude. 1976. *Structural Anthropology*. vol II, Basic Books.

LLAMBÍ, Luis. 1986. La moderna finca familiar. Evolución de la pequeña producción capitalista en la agricultura venezolana entre /945 y

/983, Caracas, CENDES, Universidad Central de Venezuela, Tesis doctoral en Ciencias Sociales.

MARTINEZ, Miguel. *La Investigación cualitativa etnográfica en Educación*. Bogotá: Círculo de lectura alternativa,

PLAZA, Santiago. 1979. "Economía campesina, presentación y selección de textos", en: *Economía Campesina*, Lima, Centro de Estudios y Promoción del Desarrollo (DESCO), pp. 1-7.

ORTIZ, Sutti.1974."La estructura de la toma de decisiones entre los indios de Colombia". En: *Temas de Antropología Económica*. México:

Fondo de Cultura Económica, pp.191 -227.

ORTIZ, Sutti. 1979. "Reflexiones sobre el concepto de la "cultura campesina" y los "sistemas cognoscitivos campesinos", en: *Campesinos y Sociedad*, México: Fondo de Cultura Económica, pp. 288-301.

REDFIELD, Robert. 1953. *The Primitive World and its Transformation*, Cornell University Press.

RIVERA, Rigoberto. 1988. *Los campesinos chilenos*. Santiago: GIA.

SANTIAGO, José. 1987. *La definición del sistema de producción agrícola o hacia una economía política de la agricultura*, Maracay, Universidad Central de Venezuela, Trabajo de Ascenso.

SCHEJTMAN, Alexander. 1979. "Elementos para una teoría de la economía campesina: pequeña de los propietarios y campesinos de Hacienda", Lima, en: *Economía Campesina*, Centro de Estudios y Promoción del Desarrollo (DESCO), pp.193-213.

SERVICE, Elman. 1984. *Los Orígenes del Estado y la civilización*. Madrid: Alianza editorial.

SHANIN, Teodor (ed) 1971. *Peasants and peasants societies*. Penguin Books.

SZUREK, J. 1977."Los campesinos en Lenin #191, Clase o estrato. *L'Home et la Societé*, No. 45-46.

THORNER, Daniel. 1979. "La economía campesina. Concepto para la historia económica". Lima, en: *Economía Campesina*. Centro de Estudios y Promoción del Desarrollo (DESCO), pp. 139-53.

TORRES, Camilo. 1968. *El Cura que murio en las guerrillas*. Barcelona: Editorial Nova Terra.

VALDÉS, Antonia. 1985. Vigencia o disolución de las formas productivas campesinas en América Latina. Las formas productivas comuneras de

Venezuela. Un ensayo de interpretación teórica, #191, Barinas. Universidad Exzequiel Zamora.

VILAR, Pierre. 1979. "La economía campesina", Lima, en: *Economía Campesina*, Centro de Estudios y Promoción del Desarrollo (DESCO), pp. 157-189.

WOLF, Eric.1971. *Los campesinos.* Barcelona: Editorial Nueva Labor.

WOLF, Eric. 1971. *Peasant Wars of the Twentieth Century.* Nueva York: Harper y Row, y Londres: Faber.